The 알고 싶은 개념화 공과

아하!

The 만들고 싶은 활동공과

아하!

저자 | 김해용
편집 | 도서출판 한장연 출판기획팀

1판 1쇄 발행 | 2010년 6월 19일
1판 3쇄 발행 | 2019년 2월 28일

발행인 | 김해용
발행처 | 도서출판 한장연
등록번호 | 제 319-2013-45호
주소 | 07003 서울특별시 동작구 사당로9가길 23 1층
전화 | 02) 596-4973~4
팩스 | 02) 596-4975
홈페이지 | www.kmindmall.com
ISBN | 978-89-89013-78-5
978-89-89013-77-8(세트)

정가 | 9,500원

| 가까운 서점 및 www.kmindmall.com에서 쉽게 구매할 수 있습니다.

The 알고 싶은 개념화 공과

아하!

도서출판 한장연

머리말

도서출판 한장연은 설립 때부터 재미있고, 쉬우며, 오랫동안 기억에 남는 시청각 공과를 제작, 보급하는 데 최선을 다하였습니다. 그 결과 많은 학생들이 복음을 받아들이고 예수님을 만났으며, 이것은 도서출판 한장연의 원동력이 되었습니다. 복음을 전하는 것은 큰 기쁨이며 영광스런 일입니다. 그리고 그리스도인이면 누구나 복음을 전해야 하며 모든 사람들에게 차별 없이 전해져야 합니다. 복음에는 능력이 있어 듣는 사람에게는 구원의 은혜가 임하게 됩니다. 그러므로 열심히 복음을 전해야 합니다. 한장연은 땅 끝까지 이르러 복음을 전하라는 예수님의 명령에 따라 어린아이나 지적장애인도 복음을 쉽고 재미있게 받아들일 수 있도록 다양한 시청각 교육 자료를 제작하여 보급하는 사역을 하고 있습니다.

사단과의 영적 싸움은 이미 오래전부터 시작되었고 지금도 계속되고 있습니다. 본 공과는 영적 전투의 현장인 삶 속에서 우리를 승리의 고지로 견인하는 효과적인 병기입니다. 특별히 본 공과는 학생들이 '하나님과 예수님 성품을 본받는 것'을 최고 목표로 삼고 구성하였습니다. 하나님과 예수님 성품을 닮으려면 늘 성경을 가까이 할 뿐만 아니라 생각하고 삶 속에 바르게 적용해 나가야 합니다. 본 공과는 학습의 동기가 되는 흥미를 유발시키기 위하여 일반적으로 궁금한 문제를 교사와 학생의 대화 형식으로 서두에 제시하였습니다. 또한 재미있게 학습할 수 있도록 짧은 내용으로 줄거리를 구성하여 그림 컷과 컬러로 답을 표기하였고, 만화 결론도 실천적인 신앙생활에 도전을 주기 위해 교사가 학생에게 생활 속에서 실천할 수 있는 것이 무엇인지 살펴볼 수 있도록 이끌어주었습니다. 그리고 의미 있는 학습과 삶의 변화를 위하여 성품 단어 해석과 3단계로 말씀 적용을 구성하였고, 기도로 어떤 삶을 살아나가야 할지 방향을 제시해 주었습니다.

"이로써 그 보배롭고 지극히 큰 약속을 우리에게 주사 이 약속으로 말미암아 너희가 정욕 때문에 세상에서 썩어질 것을 피하여 신성한 성품에 참여하는 자가 되게 하려 하셨느니라." (베드로후서 1장 4절) 이 말씀은 하나님을 닮는 것, 예수님을 닮아 간다는 것은 구원받은 성도의 삶을 통해서 나타나는 자연스러운 모습입니다. 성경은 하나님의 말씀을 통해 우리가 세상에서 어떤 모습으로 살아야 하는지를 교훈하고 있습니다. 성품공과의 목적은 도덕적으로 바람직한 인성을 교육하는 것이 아니라 말씀과 성령을 통해서 하나님의 신성한 성품에 참여하는 사람이 되게 하는 것입니다. 하나님의 성품을 닮아간다는 것은 결코 쉽지 않습니다. 하지만 이번 하품예품 공과시리즈를 통해서 우리의 삶 가운데 역사하시는 하나님을 닮아가는 기회가 되기를 소원합니다.

도서출판 한장연 대표 **김해용** 목사

Contents

01 성경
왜 성경이 중요할까? 09

02 세상
왜 하나님이 세상을 만드셨을까? 13

03 사람
왜 세상을 만드셨을까? 17

04 두 나무
왜 두 나무를 두셨을까? 21

05 죄
왜 아담은 나무 사이에 숨었을까? 25

06 가죽옷
왜 가죽옷을 입었을까? 29

07 가인과 아벨
왜 가인은 아벨을 죽였을까? 33

08 홍수
왜 큰 홍수가 났을까? 37

09 무지개
왜 무지개가 생겼을까? 41

10 바벨탑
왜 바벨탑을 쌓았을까? 45

11 아브라함
왜 아브라함을 부르셨을까? 49

12 롯
왜 롯은 소돔으로 갔을까? 53

13 소돔
왜 소돔과 고모라를 심판하셨을까? 57

14 순종
왜 이삭을 죽이라고 하셨을까? 61

15 요셉
왜 요셉이 애굽으로 갔을까? 65

16 모세
왜 하나님은 스스로 있는 자일까? 69

17 애굽
왜 애굽을 심판하셨을까? 73

18 유월절
왜 어린양의 피를 발랐을까? 77

19 이스라엘
왜 이스라엘을 선택하셨을까? 81

20 십계명
왜 십계명을 주셨을까? 85

21 놋뱀
왜 놋뱀을 쳐다보게 하셨을까? 89

22 대속
왜 동물을 죽이라고 하셨을까? 93

23 예배
왜 예배를 받지 않으셨을까? 97

24 하나님의 사랑
왜 끝까지 사랑하셨을까? 101

25 하나님의 약속
왜 한 아기가 태어날까? 105

26 하나님의 도움
왜 두려워하지 말라고 하셨을까? 109

아하!

이름:

1 성경

왜, 성경이 중요할까?

디모데후서 3장 15절 | 또 어려서부터 성경을 알았나니 성경은 능히 너로 하여금 그리스도 예수 안에 있는 믿음으로 말미암아 구원에 이르는 지혜가 있게 하느니라

하나님의 말씀이 담긴 책이 있어요.

(십자가를 빨간색으로 색칠해 보세요.)

바로 성경이에요.

성경은 구원을 알려주는 하나님의 말씀이에요.

(예수님 스티커를 붙여 보세요.)

구원은 죄와 죽음에서 우리를 구해 주신 하나님의 힘이에요.

성경을 찾아 동그라미 하세요.

로봇

자동차

성경

사탕

말씀카드 (오려주세요)

성경은
하나님의
말씀이에요.

성경은 하나님의 말씀이에요.

(성경에 스티커를 붙여 보세요.)

본문말씀 | 디모데후서 3:15~17

학습목표 | 성경이 하나님의 감동으로 기록되었고, 성경에는 구원에 대한 지혜가 담겨 있음을 알게 한다.

알림장

2 세상

왜 하나님이 세상을 만드셨을까?

창세기 1장 25절 | 하나님이 땅의 짐승을 그 종류대로, 가축을 종류대로, 땅에 기는 모든 것을 그 종류대로 만드시니 하나님이 보시기에 좋았더라

하나님이 우리가 살고 있는 **세상**을 만드셨어요.

(선을 따라 그려 보세요.)

하나님이 6일 동안 세상을 만드셨어요.

(빈 칸에 스티커를 붙여 보세요.)

첫째 날 하나님이 빛을 만들어 낮과 밤을 나누셨어요.

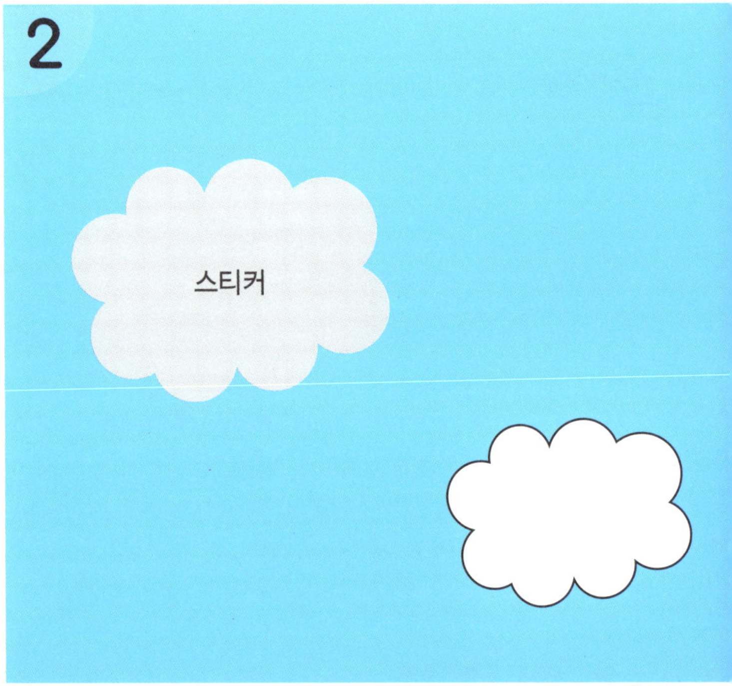

둘째 날 하나님이 하늘을 만드셨어요.

셋째 날 하나님이 땅, 바다, 식물을 만드셨어요.

넷째 날 하나님이 해, 달, 별을 만드셨어요.

다섯째 날 하나님이 새와 물고기를 만드셨어요.

여섯째 날 하나님이 동물과 사람을 만드셨어요.

말씀카드 (오려주세요)

하나님이
세상을
만드셨어요.

하나님이 6일 동안 세상을 만드셨어요.

(숫자를 따라서 써 보세요.)

6 일

본문말씀 | 창세기 1:1~25

학습목표 | 하나님이 하나님의 뜻과 목적에 맞게 완전한 세상을 창조하셨음을 알게 한다.

알림장

3 사람

왜 사람은 하나님의 형상일까?

창세기 1장 27절 | 하나님이 자기 형상 곧 하나님의 형상대로 사람을 창조하시되 남자와 여자를 창조하시고

하나님이 흙으로 **사람**을 만드셨어요.

(사람을 색칠해 보세요.)

사람은 하나님을 닮아 **생각**할 수 있어요. 무슨 생각을 하고 있을까요?

(생각 풍선에 글씨 또는 그림을 넣어 보세요.)

사람을 찾아 동그라미 하세요.

여우

토끼

강아지

사람

말씀카드 (오려주세요)

하나님이 사람을 만드셨어요.

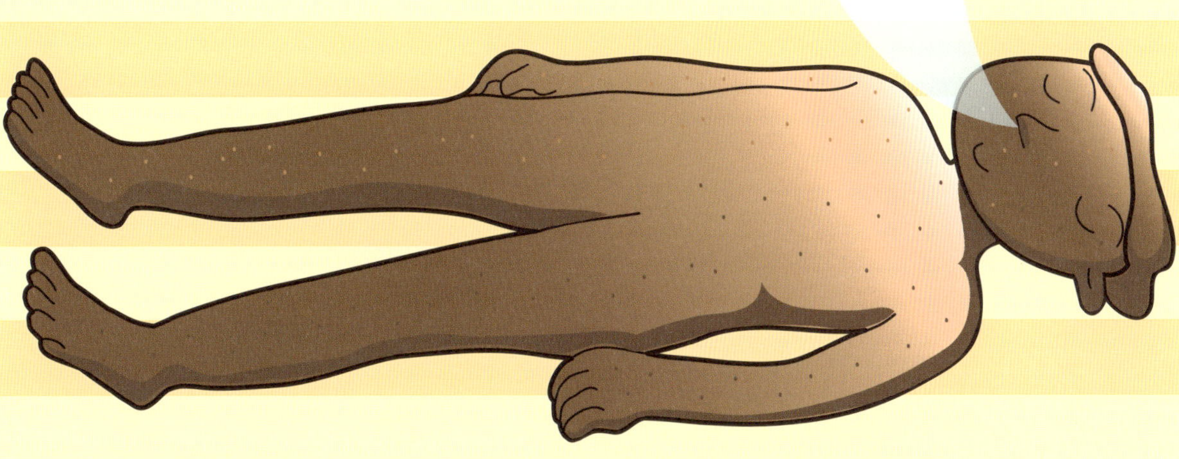

하나님이 ○○도 만드셨어요

(빈 칸에 학생 사진을 붙이거나 얼굴을 그려 보세요.)

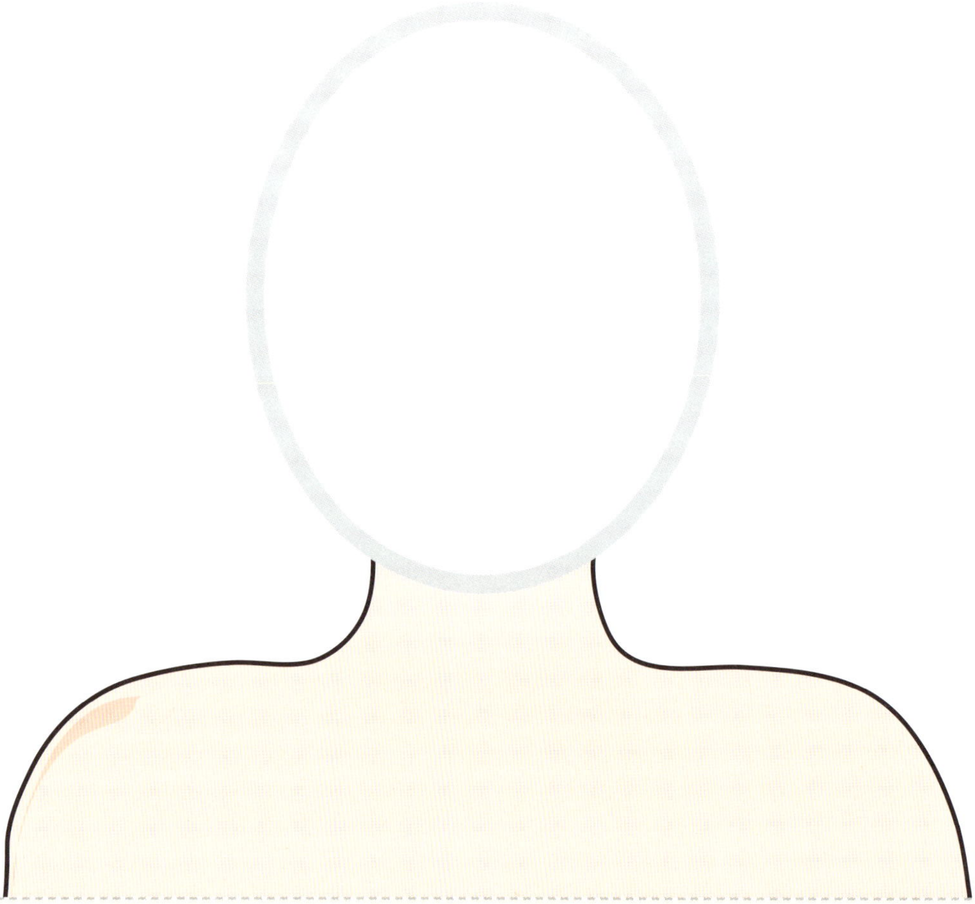

본문말씀 | 창세기 1:26~28

학습목표 | 하나님이 하나님의 형상대로 사람을 귀하고 특별하게 만드셨음을 알게 한다.

알림장

4 두 나무

왜 두 나무를 두셨을까?

창세기 2장 17절 | 선악을 알게 하는 나무의 열매는 먹지 말라 네가 먹는 날에는 반드시 죽으리라 하시니라

하나님이 **에덴동산**을 만드셨어요.

에덴동산 가운데에는 **두 나무**가 있었어요.
생명나무와 선악을 알게 하는 나무예요.

(생명나무 열매를 색칠해 보세요.)

하나님은 아담과 하와에게 모든 나무의 열매를 먹어도 된다고 하셨어요.

(선을 따라 그려 보세요.)

말씀카드 (오려주세요)

하나님이
에덴동산 가운데에
두 나무를
두셨어요.

그러나 하나님이 선악을 알게 하는 나무의 열매는 먹지 말라고 하셨어요.

(선을 따라 그려 보세요.)

선악을 알게 하는 나무

본문말씀 | 창세기 2:9~17

학습목표 | 하나님의 말씀에 순종하는 것이 하나님을 인정하고 사랑하는 것임을 알게 한다.

알림장

5 죄

왜 아담은 나무 사이에 숨었을까?

창세기 3장 10절 | 이르되 내가 동산에서 하나님의 소리를 듣고 내가 벗었으므로 두려워하여 숨었나이다

아담과 하와는 뱀의 꼬임에 빠져서 선악을 알게 하는 나무의 열매를 먹었어요.

(뱀을 색칠해 보세요.)

아담과 하와는 하나님께 죄를 짓고 나무 사이에 숨었어요.

(선을 따라 써 보세요.)

죄

하나님이 먹지 말라고 하신 나무의 열매는 무엇일까요?

(손가락으로 가리켜 보세요.)

말씀카드 (오려주세요)

하나님의 명령을 지키지 않으면 하나님의 마음이 어떨까요?

(손가락으로 가리켜 보세요.)

기뻐요.

슬퍼요.

본문말씀 | 창세기 2:9~17

학습목표 | 하나님께 불순종하면 하나님을 두려워하게 되고 하나님에게서 멀어진다는 것을 알게 한다.

알림장

6 가죽옷

왜 가죽옷을 입었을까?

창세기 3장 21절 | 여호와 하나님이 아담과 그의 아내를 위하여 가죽옷을 지어 입히시니라

아담과 하와는 벌거벗은 것이 부끄러워 무화과나무 잎으로 몸을 가렸어요.

(무화과나무 잎을 초록색으로 색칠해 보세요.)

하나님이 아담과 하와에게 가죽옷을 입혀 주셨어요.

하나님은 죄를 지은 아담과 하와에게 어떤 것을 입혀 주셨나요?

(손가락으로 가리켜 보세요.)

무화과나무잎

가죽옷

말씀카드 (오려주세요)

하나님이
아담과 하와에게
가죽옷을
입혀 주셨어요.

하나님은 벌로 아담과 하와를 에덴동산에서 쫓아내셨어요.

본문말씀 | 창세기 3:21~24

학습목표 | 하나님만이 사람의 죄와 부끄러움을 가려 주실 수 있다는 것을 알게 한다.

알림장

7 가인과 아벨

왜 가인은 아벨을 죽였을까?

창세기 4장 6절 | 여호와께서 가인에게 이르시되 네가 분하여 함은 어찌 됨이며 안색이 변함은 어찌 됨이냐

아담과 하와에게는 **가인**과 **아벨**이라는 아들이 있었어요.

가인　　　　아벨

가인과 아벨은 하나님께 제물을 드렸어요.

가인

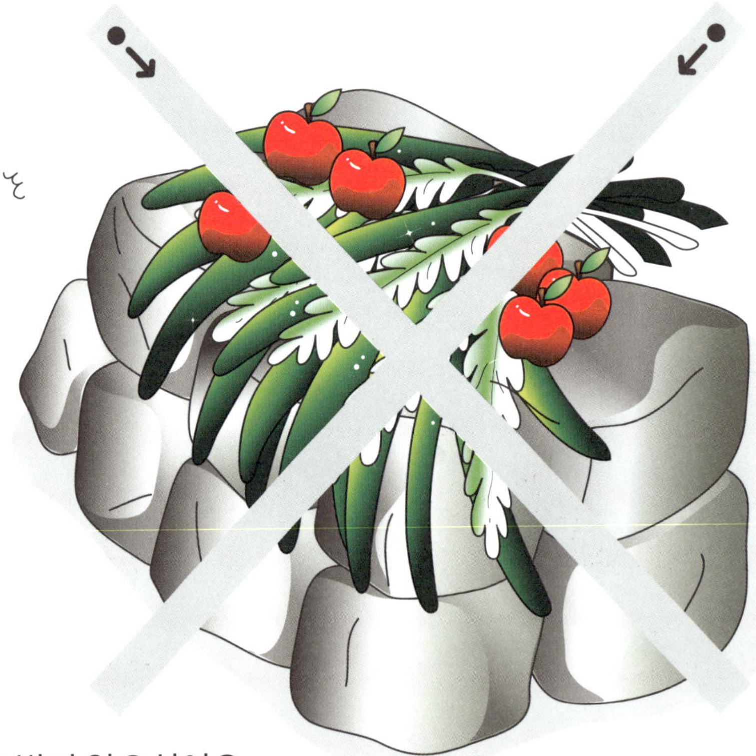

하나님은 가인과 그의 제물을 받지 않으셨어요.

아벨

하나님은 아벨과 그의 제물을 받으셨어요.

가인은 동생인 아벨이 미워서 죽였어요.

(가인의 마음을 검정색으로 색칠해 보세요.)

말씀카드 (오려주세요)

하나님은 가인과
그의 제물을
받지 않으셨어요.

하나님은 동생을 죽인 가인을 쫓아내셨어요.

본문말씀 | 창세기 4:1~15

학습목표 | 하나님의 뜻이 아니라 자기 뜻대로 하는 것이 죄인 것을 알게 한다.

알림장

8 홍수

왜 큰 홍수가 났을까?

창세기 6장 5절 | 여호와께서 사람의 죄악이 세상에 가득함과 그의 마음으로 생각하는 모든 계획이 항상 악할 뿐임을 보시고

사람들은 하나님의 말씀을 듣지 않고 죄를 지었어요.

다투고,

빼앗고,

나쁜 생각을 했어요.

하나님은 죄를 지은 사람들을 **홍수**로 벌하셨어요.

(빗방울을 파란색으로 따라 그려 보세요.)

하나님은 노아에게 홍수를 피할 수 있는 **방주**를 만들라고 하셨어요.

(방주를 색칠해 보세요.)

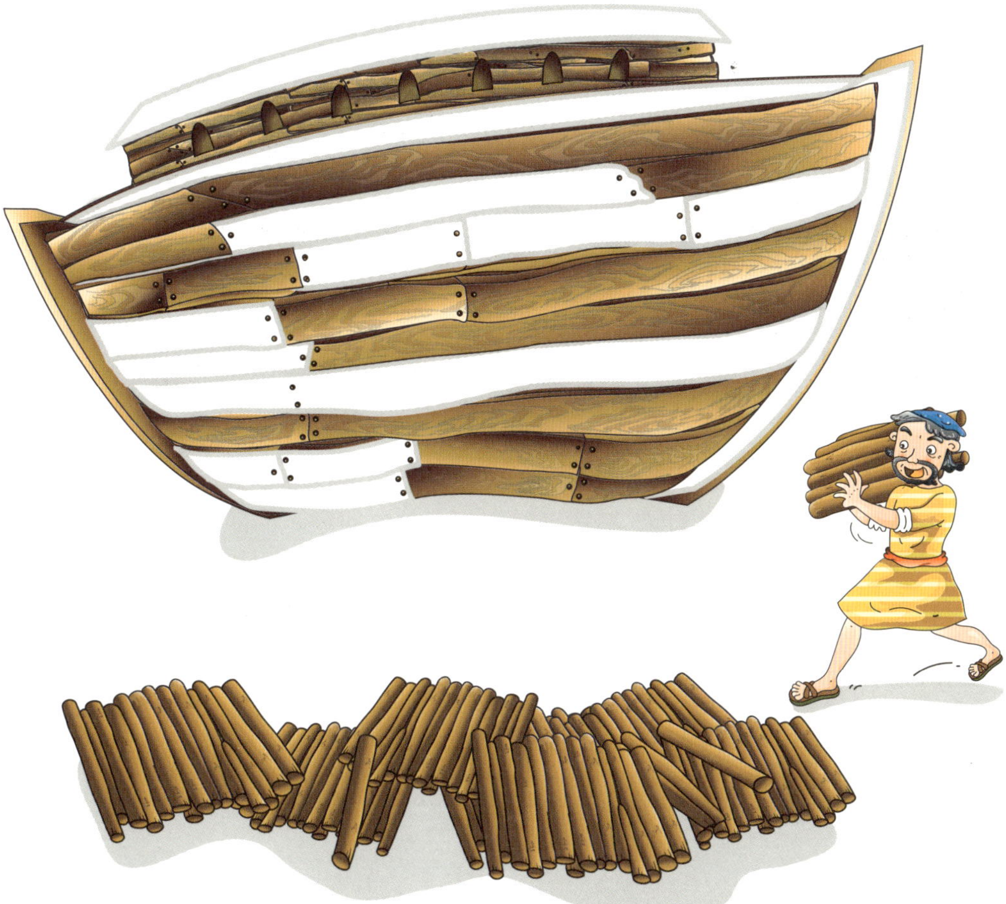

말씀카드 (오려주세요)

하나님은 **방주**에 노아의 가족과 동물들을 태우셨어요.

본문말씀 | 창세기 6:1~8

학습목표 | 하나님은 죄를 반드시 심판하신다는 것을 알게 한다.

알림장

9 무지개

왜 무지개가 생겼을까?

창세기 9장 13절 | 내가 내 무지개를 구름 속에 두었나니 이것이 나와 세상 사이의 언약의 증거니라

방주에 있던 노아의 가족과 동물들은 살아남았어요.
노아는 하나님께 **감사** 드렸어요.

하나님은 홍수로 세상을 벌하지 않겠다고 무지개로 약속하셨어요.

(무지개를 색칠해 보세요.)

하나님이 노아와 무엇으로 약속하셨는지를 찾아 동그라미 하세요.

리본

강아지

무지개

나무

말씀카드 (오려 주세요.)

하나님이
무지개로
약속하셨어요.

하나님이 약속하셨어요.

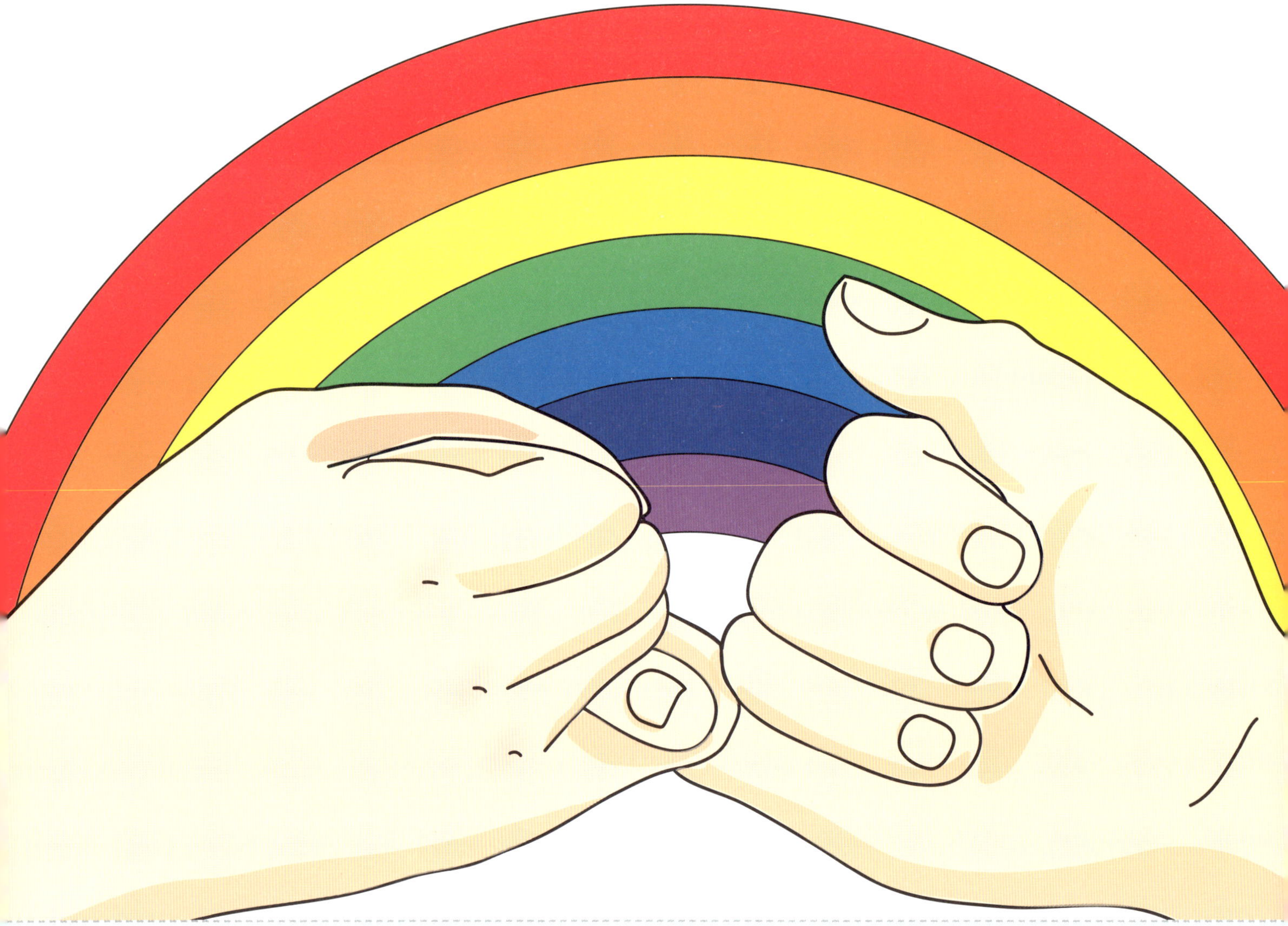

본문말씀 | 창세기 9:8~17

학습목표 | 하나님은 약속하신 대로 행하시는 분인 것을 알게 한다.

알림장

10 바벨탑

왜 바벨탑을 쌓았을까?

창세기 11장 4절 | 또 말하되 자, 성읍과 탑을 건설하여 그 탑 꼭대기를 하늘에 닿게 하여 우리 이름을 내고 온 지면에 흩어짐을 면한다 하였더니

하나님을 미워하는 사람들이 한 곳으로 모였어요.

사람들은 하나님보다 더 높아지려고 하늘 높이 탑을 쌓았어요.

(바벨탑을 색칠해 보세요.)

이 탑을 **바벨탑**이라고 해요.

바벨탑을 쌓은 사람들을 볼 때 하나님의 마음이 어떨까요?

(손가락으로 가리켜 보세요.)

좋아요.

싫어요.

말씀카드 (오려주세요)

사람들이
바벨탑을
쌓았어요.

하나님이 사람들을 벌하셔서 서로 **다른 말**을 하게 되었어요.

본문말씀 | 창세기 11:1~9

학습목표 | 하나님은 하나님처럼 되려고 하는 사람들을 반드시 심판하신다는 것을 알게 한다.

알림장

11 아브라함

왜 아브라함을 부르셨을까?

창세기 12장 2절 | 내가 너로 큰 민족을 이루고 네게 복을 주어 네 이름을 창대하게 하리니 너는 복이 될지라

어느 날 하나님이 **아브라함**을 부르셨어요.

아브라함아!

아브라함

하나님이 아브라함에게 **말씀**하셨어요.

내가 너로 큰 민족을
이루고 네게 복을 주어
네 이름을 창대하게 하리니
너는 복이 될지라.

아브라함과 사라는 늙도록 자식이 없었어요.

아브라함 할아버지　　사라 할머니

말씀카드 (오려주세요)

하나님이 아브라함을 부르셨어요.

그런데 하나님이 아브라함과 사라에게 **이삭**이라는 아들을 주셨어요.

(이삭을 색칠해 보세요.)

이삭

본문말씀 | 창세기 12:1~5

학습목표 | 하나님이 온 땅에 사는 사람들을 구원하시기 위해서 아브라함을 선택하셨음을 알게 한다.

알림장

12 롯

왜 롯은 소돔으로 갔을까?

창세기 13장 8절 | 아브람이 롯에게 이르시되 우리는 한 친족이라 나나 너나 내 목자나 네목자나 서로 다투게 하지 말자

롯은 아브라함의 조카예요. 아브라함과 롯은 함께 있었어요.

아브라함　　　　롯

롯은 아브라함과 헤어져서 좋은 땅을 찾아 떠났어요.

(선을 따라 그어 보세요.)

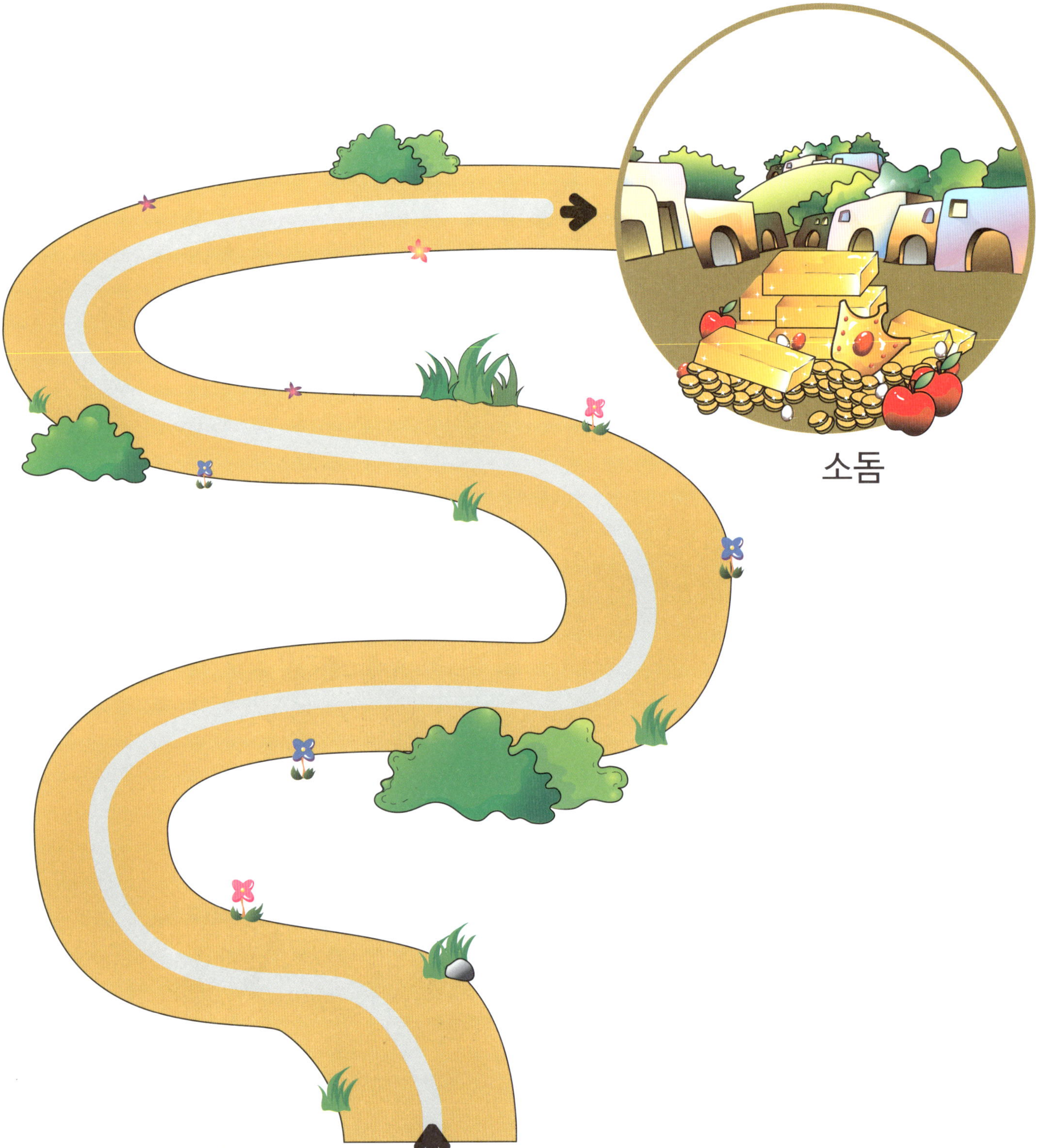

롯은 **소돔**으로 갔어요.

소돔은 좋은 땅처럼 보이는 곳이었어요.

말씀카드 (오려주세요)

롯은
소돔으로
갔어요.

하지만 소돔 사람들은 하나님께 죄를 지었어요.

다투고,

빼앗고,

나쁜 생각을 했어요.

본문말씀 | 창세기 13:1~13

학습목표 | 하나님의 뜻에 따라 선택하는 것이 올바른 결정이라는 것을 알게 한다.

알림장

13 소돔

왜 소돔과 고모라를 심판하셨을까?

창세기 19장 24절 | 여호와께서 하늘 곧 여호와께로부터 유황과 불을 소돔과 고모라에 비같이 내리사

하나님은 소돔을 벌하기로 하셨어요.

아브라함은 소돔에 있는 롯을 살려달라고 하나님께 기도했어요.

하나님은 롯의 가족을 살려주시고 죄가 많은 소돔을 벌하셨어요.

(롯과 불덩이 스티커를 붙여보세요.)

아브라함은 롯을 구하기 위해 무엇을 했나요?

(손가락으로 가리켜 보세요.)

우상에게 기도했어요.

하나님께 기도했어요.

말씀카드 (오려주세요)

하나님은 소돔을 벌하셨어요.

하나님이 벌하신 곳은 어디일까요?

(손가락으로 가리켜 보세요.)

소돔

에덴동산

본문말씀 | 창세기 19:1~29

학습목표 | 하나님은 죄를 철저하게 심판하는 분이시라는 것을 알게 한다.

알림장

14 순종

왜 이삭을 죽이라고 하셨을까?

창세기 22장 16절 | 이르시되 여호와께서 이르시기를 내가 나를 가리켜 맹세하노니 네가 이같이 행하여 네 아들 네 독자도 아끼지 아니하였은즉

하나님이 아브라함을 부르셨어요.

아브라함아!

하나님이 아브라함에게 말씀하셨어요.

(이삭 스티커를 붙여 보세요.)

아브라함은 하나님 말씀에 순종했어요.

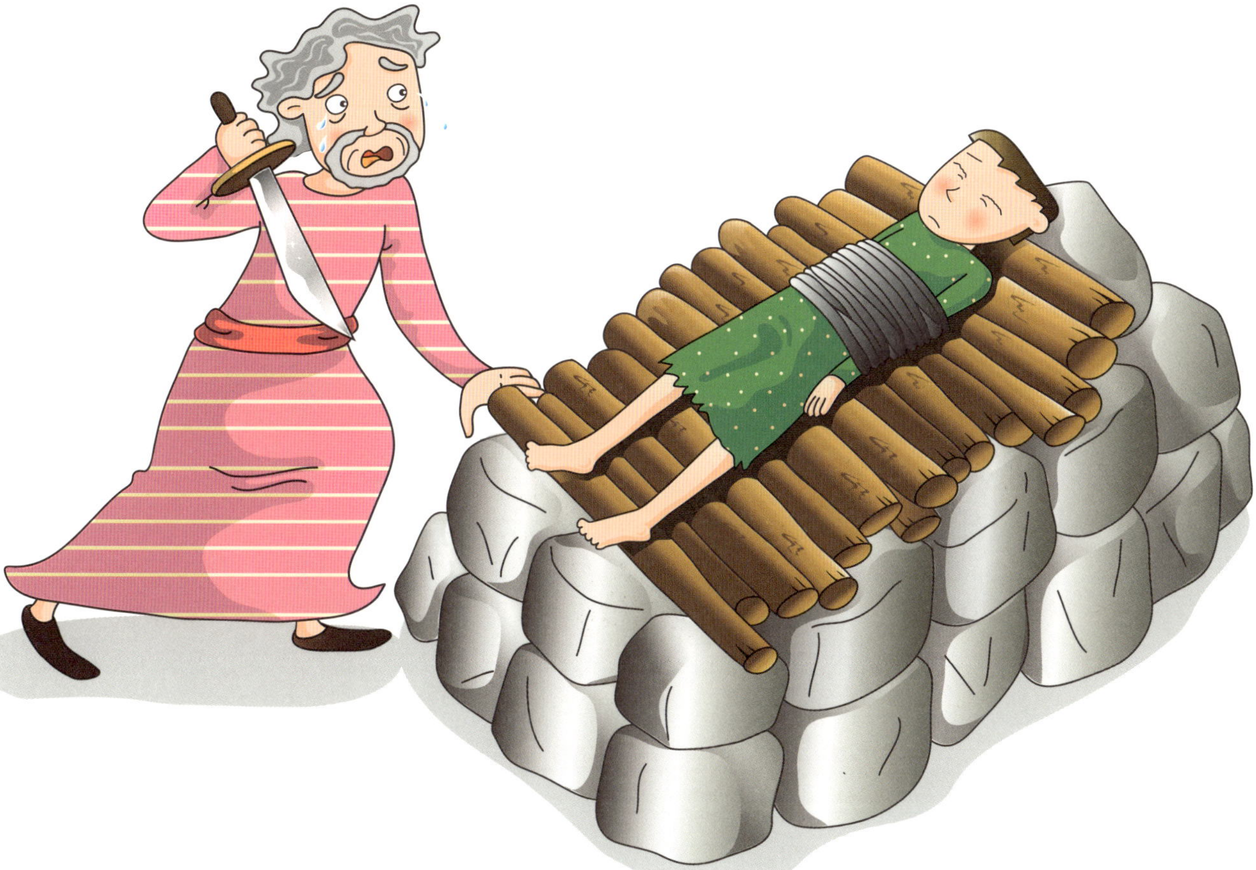

말씀카드 (오려주세요)

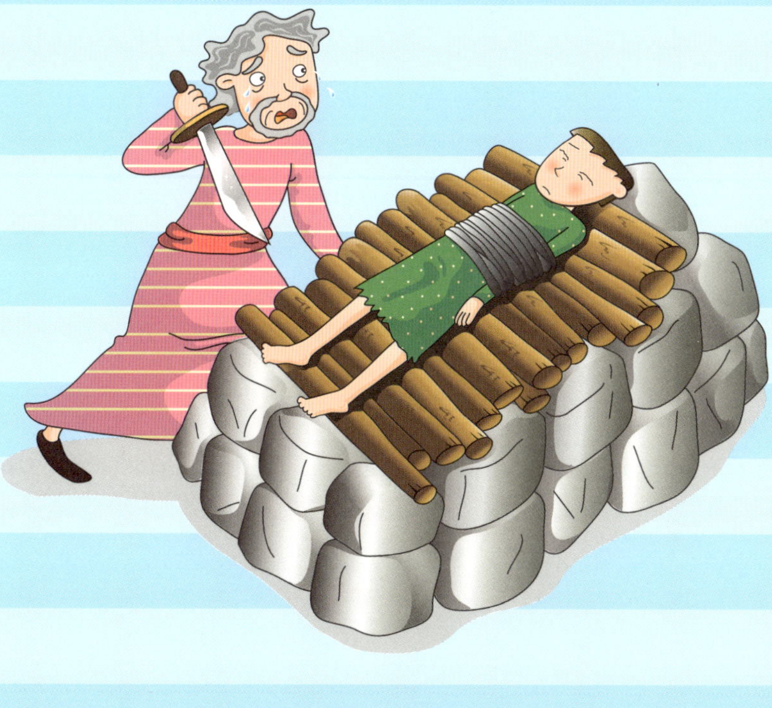

아브라함은
하나님 말씀에
순종했어요.

하나님은 아브라함의 순종을 기뻐하시고, 이삭 대신에 양을 준비해 주셨어요.

(양 스티커를 붙여 보세요.)

말씀카드 (오려주세요)

본문말씀 | 창세기 22:1~19

학습목표 | 하나님은 약속을 반드시 지키시고 이루시는 분임을 알게 한다.

알림장

15 요셉

왜 요셉이 애굽으로 갔을까?

창세기 45장 7절 | 하나님이 큰 구원으로 당신들의 생명을 보존하고 당신들의 후손을 세상에 두시려고 나를 당신들보다 먼저 보내셨나니

하나님이 함께하셨던 **요셉** 이야기를 들어보세요.

요셉이란 사람이 있었어요.
그에게는 형들이 많았어요.
형들은 요셉을 샘내고 미워했어요.
그래서 요셉을 장사꾼에게 팔았어요.
요셉은 애굽으로 끌려갔어요.

하지만 하나님이 요셉과 언제나 함께하셨어요.
결국 요셉은 애굽에서
왕 다음으로 높은 총리가 되었어요.

모든 나라에 가뭄이 들었어요.
사람들은 먹을 것이 없어서 배가 고팠어요.
하지만 요셉이 있는 애굽에는
먹을 것이 있었어요.

말씀카드 (오려주세요)

하나님이
요셉을 애굽으로
보내셨어요.

양식을 얻기 위해 요셉의 가족들이 애굽에 왔어요.
요셉이 애굽으로 간 것은 형들 때문이 아니라
이스라엘 백성을 구하려는 하나님의 놀라운 계획이었어요.

본문말씀 | 창세기 45:1~8

학습목표 | 하나님은 모든 것을 미리 계획하시고 이루시는 분이시라는 것을 알게 한다.

알림장

16 모세

왜 하나님은 스스로 있는 자일까?

출애굽기 3장 14절 | 하나님이 모세에게 이르시되 나는 스스로 있는 자이니라 또 이르시되 너는 이스라엘 자손에게 이같이 이르기를 스스로 있는 자가 나를 너희에게 보내셨다 하라

하나님은 이스라엘 사람들이 애굽에서 아파하는 소리를 들으셨어요.

하나님은 **모세**를 부르셨어요.

(떨기나무의 불을 빨간색으로 색칠해 보세요.)

하나님은 모세에게 어디로 가라고 하셨을까요?

(손가락으로 가리켜 보세요.)

애굽

소돔

말씀카드 (오려주세요)

모세는

하나님의 명령대로

애굽으로 갔어요.

모세는 하나님의 명령을 듣고 어떻게 했을까요?

(손가락으로 가리켜 보세요.)

애굽으로 갔어요.

애굽으로 가지 않았어요.

본문말씀 | 출애굽기 3:1~14

학습목표 | 하나님은 어떤 상황에서도 우리와 함께하시는 분인 것을 알게 한다.

알림장

17 애굽

왜 애굽을 심판하셨을까?

창세기 3장 20절 | 내가 내 손을 들어 애굽 중에 여러 가지 이적으로 그 나라를 친 후에야 그가 너희를 보내리라

애굽은 하나님의 말씀을 듣지 않는 나라예요

(지도를 색칠해 보세요.)

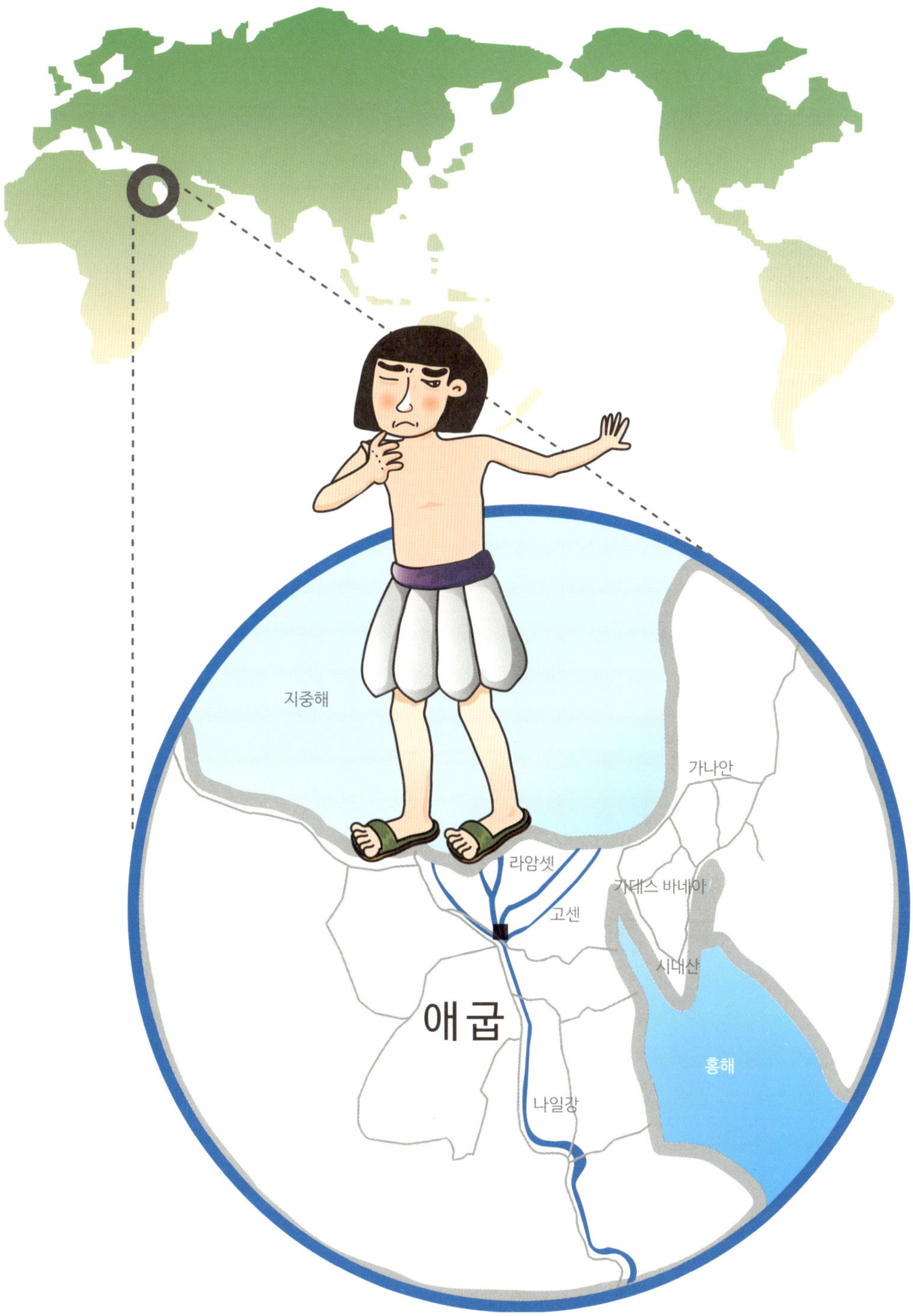

하나님이 애굽에 벌을 주셨어요.

(나일강을 빨간색으로 색칠해 보세요.)

강물이 피로 변했어요.

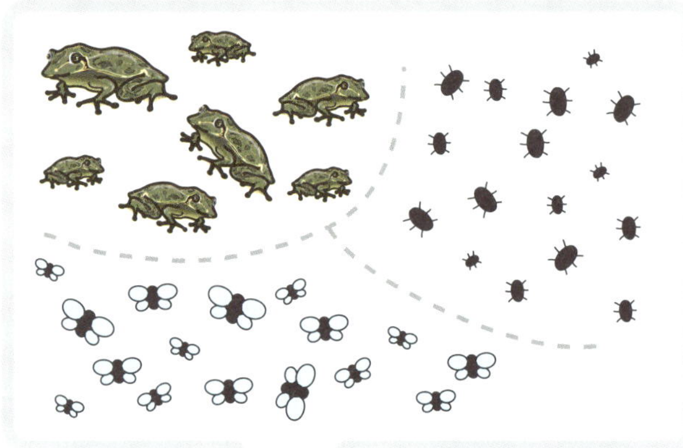

수많은 개구리, 이,
파리를 보내셨어요.

벌

동물들이 죽고, 사람 몸에
종기가 생겼어요.

우박을 보내시고
메뚜기 떼를 보내셨어요.

3일 동안 캄캄했어요.

하나님의 말씀을 듣지 않은 애굽 사람들은 크게 혼났어요.

말씀카드 (오려주세요)

하나님이
애굽에
벌을 주셨어요.

하나님은 이스라엘 사람들을 지켜주셨어요.

본문말씀 | 출애굽기 3:15~22

학습목표 | 하나님이 진짜 하나님이신 것을 알게 한다.

알림장

18 유월절

왜 어린양의 피를 발랐을까?

추래굽기 12장 13절 내가 애굽 땅을 칠 때에 그 피가 너희가 사는 집에 있어서 너희를 위하여 표적이 될지라
내가 피를 볼 때에 너희를 넘어가리니 재앙이 너희에게 내려 멸하지 아니하리아

오려주세요.

하나님의 말씀을 듣지 않은 애굽 사람들은 어린 양의 피를 문에 바르지 않았어요.

오려주세요.

하나님의 말씀을 들은 이스라엘 사람들은 어린 양의 피를 문에 발랐어요.

(문 위와 옆을 빨간색으로 색칠해 보세요.)

집 안에 있는 첫째 아들이 죽었어요.

집 안에 있는 첫째 아들이 살았어요.

집 문에는 어떤 동물의 피를 발랐는지 찾아 동그라미 하세요.

기린

양

사자

토끼

말씀카드 (오려주세요)

하나님이
유월절을
지키라고
하셨어요.

어린 양과 예수님

첫째 아들을 대신해서 죽은 어린 양

우리를 대신해서 죽은 예수님

본문말씀 | 출애굽기 12:1~14

학습목표 | 하나님 말씀에 온전히 순종할 때 구원받을 수 있음을 알게 한다.

알림장

19 이스라엘

왜 이스라엘을 선택하셨을까?

출애굽기 19장 5절 | 세계가 다 내게 속하였나니 너희가 내 말을 잘 듣고 내 언약을 지키면 너희는 모든 민족 중에서 내 소유가 되겠고

하나님 시내산에서 **모세**를 부르셨어요.

(모세 스티커를 붙여 보세요.)

하나님이 모세에게 말씀하셨어요.

너희가 내 말을 잘 듣고
나와의 약속을 잘 지키면
너희는 내 백성이 되리라.

이스라엘 사람들이 하나님의 말씀을 지키겠다고 약속했어요.

말씀카드 (오려주세요)

하나님이
모세에게
말씀하셨어요.

아래의 질문에 답해 보세요.

(스티커를 붙여 보세요.)

누가	이스라엘 사람들이	스티커
언제	애굽에서 나와서	스티커
어디서	시내산에서	스티커
무엇을	하나님과 약속을	스티커
어떻게	잘 지키겠다고 했어요	스티커

본문말씀 | 출애굽기 19:1~6

학습목표 | 하나님이 세상을 구원하기 위하여 믿음의 사람들을 선택하셨음을 알게 한다.

알림장

20 십계명

왜 십계명을 주셨을까?

출애굽기 20장 6절 | 나를 사랑하고 내 계명을 지키는 자에게는 천 대까지 은혜를 베푸느니라

하나님이 시내산에서 이스라엘 사람들에게 열 가지 **계명**을 주셨어요.

(숫자를 따라서 써 보세요.)

1

나 말고
다른 신을
섬기지 말아라.

2

우상을
만들지 말아라.

3

하나님의 이름을
마음대로 부르지 말아라.

4

안식일을
거룩하게
지켜라.

5

네 부모를
공경하라.

6

사람을 죽이지
말아라.

7

결혼하지 않은
남자와 여자가
부부처럼
지내지 말아라.

8

남의 것을
훔치지 말아라.

말씀카드 (오려주세요)

하나님이 시내산에서
십계명을 주셨어요.

9

네 이웃에게
거짓말하지 말아라.

10

네 이웃의 것들을
욕심내지 말아라.

본문말씀 | 출애굽기 20:1~21

학습목표 | 십계명은 일방적인 명령이 아니라 '사랑의 약속'임을 알게 한다.

알림장

21 놋뱀

왜 놋뱀을 쳐다보게 하셨을까?

민수기 21장 8절 | 여호와께서 모세에게 이르시되 불뱀을 만들어 장대 위에 매달아라 물린 자마다 그것을 보면 살리라

하나님은 투덜대는 이스라엘 사람들에게 무시무시한 **뱀**을 보내셨어요.

하나님은 모세에게 놋뱀을 만들라고 하셨어요.

(놋뱀을 노란색으로 색칠해 보세요.)

뱀에 물려 죽어가는 사람들 중에 놋뱀을 쳐다본 사람들은 살아났어요.

놋뱀을 쳐다본
사람들은
살아났어요.

놋뱀과 예수님

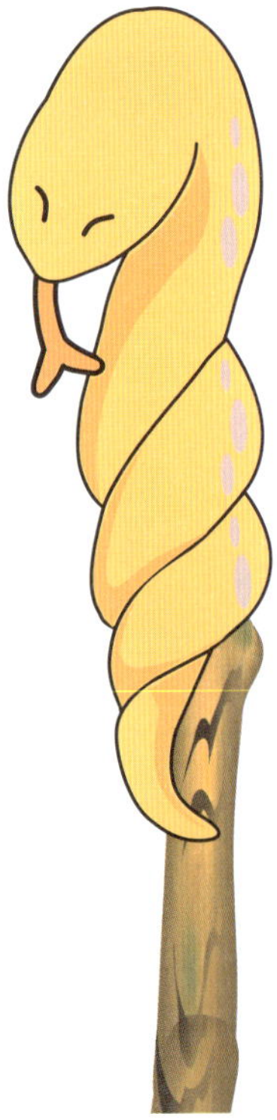

막대기 위해 달린 놋뱀

십자가에 못박히신 예수님

본문말씀 | 민수기 21:4~9

학습목표 | 오직 하나님의 은혜를 믿음으로써 죄에서 구원받을 수 있음을 알게 한다.

알림장

22 대속

왜 동물을 죽이라고 하셨을까?

레위기 4장 20절 | 그 송아지를 속죄제의 수송아지에게 한 것 같이 할지며 제사장이 그것으로 회중을 위하여 속죄한 즉 그들이 사함을 받으리라

죄를 지은 사람은 반드시 죽어요.

(선을 따라 써 보세요.)

죄

1. 오려주세요. 2. 뒷면이 앞으로 오게 접어 주세요.

양 은 죄를 지은 사람 대신 죽었어요.

(양을 색칠해 보세요.)

그러나 하나님은
죄를 지은 사람을
용서하기 위해
사람 대신 동물을
죽이라고 하셨어요.

우리의 죄를 대신해서 죽으신 분은 누구일까요?

(선을 따라 그려 보세요.)

예수님

말씀카드 (오려주세요)

양은

죄를 지은 사람

대신 죽었어요.

어린 양과 예수님

죄 지은 사람 대신 죽은 어린 양

죄 지은 우리 대신 죽으신 예수님

본문말씀 | 레위기 4:13~21

학습목표 | 하나님이 동물의 죽음을 통해 이스라엘 백성의 죄를 용서하셨다는 것을 알게 한다.

알림장

23 예배

왜 예배를 받지 않으셨을까?

이사야 1장 13절 | 헛된 제물을 다시 가져오지 말라 분향은 내가 가증히 여기는 바요 월삭과 안식일과 대회로 모이는 것도 그러하니 성회와 아울러 악을 행하는 것을 내가 견디지 못하겠노라

하나님이 받지 않으시는 예배가 있어요.

(표정 스티커를 붙여 보세요.)

하나님은 억지로 드리는 예배를 싫어하세요.

하나님이 받으시는 예배 가 있어요.

(표정 스티커를 붙여 보세요.)

하나님은 하나님을 사랑하는 마음으로 드리는 예배를 기뻐하세요.

하나님은 이렇게 드리는 예배를 받으실까요?

(선을 따라 그어 보세요.)

말씀카드 (오려주세요)

하나님이
받지 않으시는
예배가 있어요.

하나님은 이렇게 드린 예배를 받으실까요?

(선을 따라 그어 보세요.)

본문말씀 | 이사야 1:10~17

학습목표 | 하나님은 억지로 드리는 예배를 받으시지 않는다는 것을 알게 한다.

알림장

24 하나님의 사랑

왜 끝까지 사랑하셨을까?

호세아 11장 8절 | 에브라임이여 내가 어찌 너를 놓겠느냐 이스라엘이여 내가 어찌 너를 버리겠느냐 내가 어찌 너를 아드마 같이 놓겠느냐 어찌 너를 스보임 같이 두겠느냐 내 마음이 내 속에서 돌이키어 나의 긍휼이 온전히 불붙듯 하도다

하나님이 **호세아** 에게 결혼하라고 하셨어요.

그런데 호세아의 아내는 다른 남자와 함께 **도망**갔어요.

호세아는 도망간 아내를 끝까지 **사랑**했어요.

(하트를 빨간색으로 색칠해 보세요.)

하나님은 하나님을 떠나간 이스라엘 사람들을 끝까지 사랑하셨어요.

말씀카드 (오려주세요)

하나님은
하나님을 떠나간
이스라엘 사람들을
끝까지 사랑하셨어요.

하나님은 죄 지은 우리를 포기하지 않고 끝까지 사랑하세요.

(빈 칸에 학생 사진을 붙이거나 얼굴을 그려 보세요.)

본문말씀 | 호세아 1:3~11

학습목표 | 하나님이 '구원하고자 선택하신 사람들'을 결코 포기하지 않으신다는 것을 알게 한다.

알림장

25 하나님의 약속

왜 한 아기가 태어날까?

이사야 9장 6절 | 이는 한 아기가 우리에게 났고 한 아들을 우리에게 주신 바 되었는데 그의 어깨에는 정사를 메었고 그의 이름은 기묘자라, 모사라, 전능하신 하나님이라, 영존하시는 아버지라, 평강의 왕이라 할 것임이라

하나님은 이사야 를 통해 이스라엘 사람들에게 약속하셨어요.

너희들에게
약속하노라.

이사야

너희를 위해 한 아기를 주리니
그의 이름은 전능하신 하나님이라,
평화의 왕이라.

하나님이 약속하신 분은 누구일까요?

(손가락으로 가리켜 보세요.)

가인

예수님

말씀카드 (오려주세요)

하나님은
예수님이
태어나실 것을
약속하셨어요.

하나님은 **평화의 왕** 이에요.

(선을 따라 써 보세요.)

예수님

본문말씀 | 이사야 9:1~7

학습목표 | 하나님이 오랫동안 꿈꾸셨던 '평강의 나라'를 완성하기 위해 '한 아기'를 약속하셨음을 알게 한다..

알림장

26 하나님의 도움

왜 두려워하지 말라고 하셨을까?

이사야 41장 10절 | 두려워하지 말라 내가 너와 함께함이라 놀라지 말라 나는 네 하나님이 됨이라 내가 너를 굳세게 하리라 참으로 너를 도와주리라 참으로 나의 의로운 오른손으로 너를 붙들리라

하나님은 이사야를 통해 하나님이 어떤 분인지 말씀해 주셨어요.

내가 너와
함께하겠다.

내가 너를
도와주겠다.

내가 너를
붙들어 주겠다.

말씀카드 (오려주세요)

하나님은
함께하시고
도와주시고
붙들어 주세요.

하나님은 어떤 분이신가요?

(선을 따라 그어 보세요.)

●→ 함께하시는 하나님

●→ 도와주시는 하나님

●→ 붙들어 주시는 하나님

본문말씀 | 이사야 41:8~14

학습목표 | 하나님은 자기 백성을 결코 포기하지 않으신다는 것을 알게 한다.

알림장

Sticker

p. 10 예수님

p. 14-2 구름

p. 14-3 나무

p. 14-4 해, 달

p. 14-5 새, 물고기

p. 12 성경책

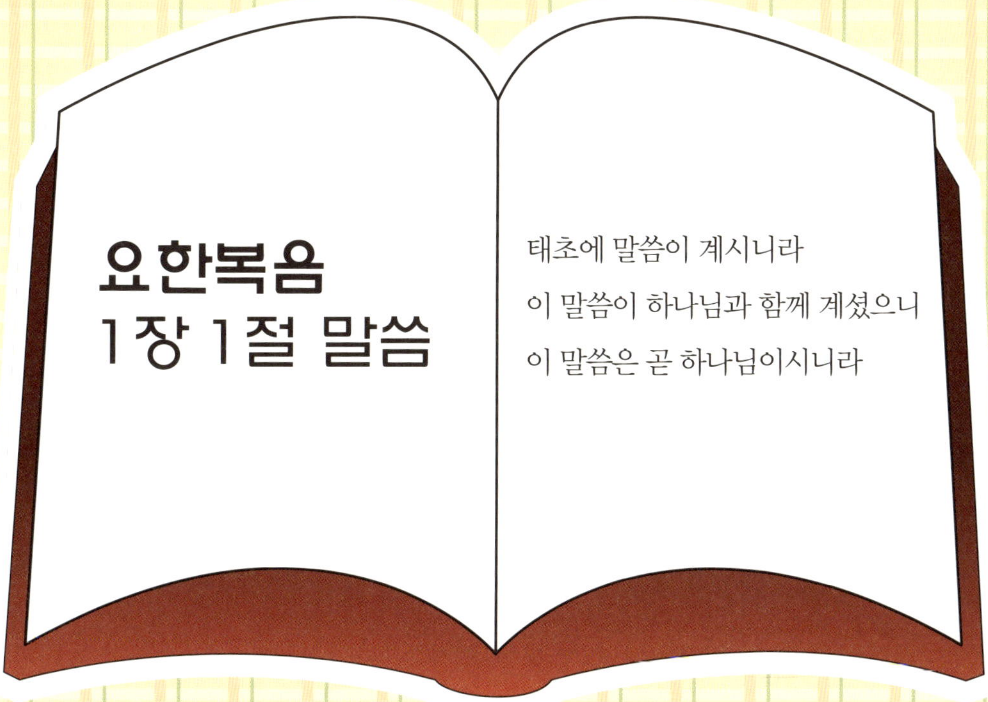

p. 14-6 원숭이

Sticker

p. 58 롯과 불덩이

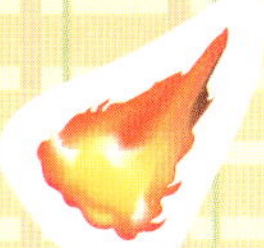

p. 81 모세

p. 64 양

p. 84 알림장

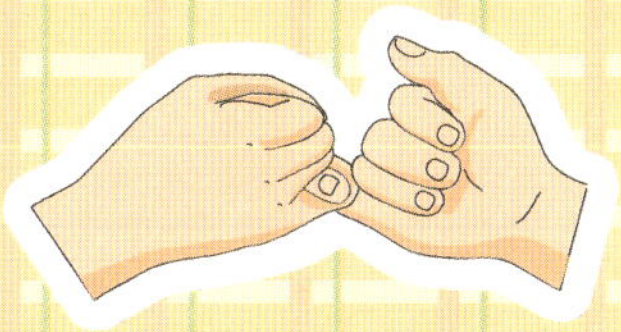

p. 97 표정

p. 98 표정